U0106794

九龍街道百年

鄭寶鴻、佟寶銘編著

責任編輯　李　安
封面設計　陳曦成
協　　力　寧礎鋒

系　　列　香港經典系列
書　　名　九龍街道百年
編　　著　鄭寶鴻、佟寶銘
出版發行　三聯書店（香港）有限公司
　　　　　香港北角英皇道 499 號北角工業大廈 20 樓
　　　　　Joint Publishing（H.K.）Co., Ltd.
　　　　　20/F., North Point Industrial Building,
　　　　　499 King's Road, North Point, Hong Kong
發　　行　香港聯合書刊物流有限公司
　　　　　香港新界大埔汀麗路 36 號 3 字樓
印　　刷　中華商務彩色印刷有限公司
　　　　　香港新界大埔汀麗路 36 號 14 字樓
版　　次　2000 年 7 月香港第一版第一次印刷
　　　　　2012 年 6 月香港第二版第一次印刷
　　　　　2013 年 4 月香港第二版第二次印刷
規　　格　大 32 開（140×200mm）104 面
國際書號　ISBN 978-962-04-3238-5
　　　　　©2000, 2012 Joint Publishing（H.K.）Co., Ltd.
　　　　　Published in Hong Kong

序言

九龍街道文化，很明顯地二分為大街文化和
後街文化。

大街文化，通衢大路，車水馬龍，兩旁大廈
燈飾炫耀，象徵着大都會的誘惑，更是政治
大舞台。昔日的英皇慶典、高等華人的生榮
死哀，都有會景巡行和遊街，以炫耀其風光
顯赫、富貴榮華。給我印象最深者，乃是
五十年代每屆英皇壽辰，彌敦大道上的軍隊
大檢閱，柏油道上坦克迎向帝國殘陽，其軍
政壯觀性絕非港島狹窄之街道可及也。

漆咸道、彌敦道、廣東道，條條大道貫通九
龍，但只要略為偏離大路則別有洞天，就是
充滿民俗風情的後街文化了。橫街窄巷，形
形色色的小販和低下層人物各據一隅在討生
活，曾幾何時此間有着「夜攤街」（廟街）、
「雀仔街」（康樂街）、「女人街」（通菜

街）、「寫信街」（雲南里和街市街）、「舊
書街」（奶路臣街）、「電子零件街」（鴨
寮街）等等，人聲鬧哄哄，處身其中，那生
命力使你感動得很。所以，我獨愛後街文化，
她的變化興衰正好紀錄着都市滄桑，就像感
性的詩篇。

從《九龍街道百年》看往昔九龍街道文化是
挺有意思的事情，每張照片都如許的珍貴和
真實，而任何細節都在訴說我們城市的過去，
她的故事，她的傳奇。一看再看此書，我真
正感受到，一張發黃的舊照，實在勝過懷舊
的千言萬語。

吳昊謹識
2000 年 5 月 22 日
於香港浸會大學

目錄

1

九龍早期的華人聚落

1861 年的九龍半島東部一帶，圖中三桅帆船及中國帆船後方的村落，可能為茶果嶺。而「九龍半島」的說法，則始自英國。

一八四三年，港島被英國割佔不久，清政府為加強防禦力量，特將新安縣官富（鹽場名稱，始自宋代，是東莞縣四大鹽場之一）巡檢司改為九龍巡檢司，下設七個大鄉，管轄範圍包括今天的九龍、新界以及深圳部分地區，而巡檢駐地亦由位於南頭城附近的赤尾村遷至靠近香港島的官富九龍寨。

當時九龍寨並無城垣、衙署，又無兵營，故需興工改建，並在城寨內建築神廟、火藥局等建築物。一八四七年完成後，「九龍寨城」（又稱九龍城寨或九龍城砦）城垣寬二二零米、長一一九米、高六米，有東、西、南（正門）北各一門，其位置即今賈炳達道、東頭村道及東正道一帶。

一八六零年三月，英軍擴大侵華，當時陸續到達香港的萬餘名英軍強行在九龍尖沙咀登陸及駐紮。同月二十一日，巴夏禮（H. S. Parkes）與兩廣總督勞崇光簽定《勞崇光與巴夏禮協定》，租借九龍半島南部（包括昂船洲），年租銀五百兩。八月，英法聯軍相繼攻陷塘沽、大沽、天津，並於十月進犯北京。十月二十四日，中英簽訂《北京條約》，九龍（界限街以南）遂從租借地變為割讓地，而九龍寨城位處界限街以北，故仍屬中國的勢力範圍。英國至一八六一年一月十九日始正式接管九龍。

一八九九年，英國在大埔接管「新界」後，竟不理會《展拓香港界址專條》中容許中國官員各司其事的條款，公然驅逐九龍寨城的中國官員和駐軍。其時九龍寨城從事農耕、小販、泥水等業居民六十四戶，約四百六十多人。

其實，十九世紀九龍的原居民大部分以務農及漁獵為主。一八四一年香港開埠後，九龍亦有不少村民前往港島，以打石、築路謀生。據統計，一八六零年三月，九龍的人口接近一千，主要聚居在衙前圍村、蒲崗村、牛眠村、牛池灣、古瑾村、九龍仔、長沙灣、尖沙咀、芒角村、土瓜灣、深水莆、二黃店（即二王殿）村等地，日後這些村名不少更成為該地區的名稱。其中以今天油蔴地、紅磡、何文田及大角咀的華人聚落最為昌盛。

1861 年 1 月 19 日於尖沙咀舉行的英國租借九龍「授土」儀式。前面可見一排英軍，山崗上中英官員雲集。

1857 年一份英國報章刊載的九龍炮台插圖。

九龍寨城的衙署，約攝於 1915 年。這座建築物至今尚存。

約 1915 年的寨城一景，圖中可見人力車及小販檔位，證明當時已有不少人慕名前來遊覽。圖左可清晰見到兩座炮台。

九龍寨城的南門，約攝於 1900 年。門上塑 | 約 1920 年的九龍寨城，背牆為南牆。
上「九龍寨城」四個大字。

1925 年九龍寨城內的城牆上。

1925 年九龍寨城的西門。

九龍寨城的北門，約攝於 1925 年。

由啟德濱望向九龍寨城，約攝於 1920 年。

約 1920 年九龍寨城外近衙前塱村一帶的菜田，當時尚未開發，未有街道。

從白鶴山（今聯合道基督教墳場）俯瞰九龍寨城及附近地帶，約攝於 1920 年。最遠處可見宋王台及其對開的九龍灣。

1920 年九龍寨城內的窄巷。

約 1920 年九龍寨城內的水井,即後來的大井街。

九龍寨城的小巷，攝於 1925 年。

2

九龍最早的街道與開發

英國正式兼併九龍（一八六一年）後，對於九龍半島（包括昂船洲）的用途，殖民地總督與軍部曾爭論不休。當時的港督羅便臣（Hercules Robinson，一八五九－一八六五在任）提議將新得的九龍用以建造住宅、醫院和休憩場地，以紓緩港島的擠迫，而南面瀕海地帶則用以興建碼頭、船塢和倉庫以發展香港的商業。但軍部則主張把整個九龍作為港島的屏障，廣建軍營，甚至把港島的軍營全部遷往九龍。

有關爭論一直延續至一八六四年，在英國政府的調停下，軍部及港府終於同意在昂船洲（九龍半島西部入口）、尖沙咀和紅磡設炮台五處（另在西環、中環、奇力島、北角、筲箕灣又設炮兵陣地七處），並在九龍半島西岸

保留三處土地作修築海軍煤棧、軍糧和軍械庫，以及已婚軍人營房之用，其餘地區則交香港政府管理。至於九龍半島東部入口鯉魚門則因相對狹窄，故只從港島海岸保衛即可。

因此，九龍最早的街道開鑿也是以運送軍隊和軍事物資為目的的，其中主要的幹道只有一條羅便臣道（始建於一八六零年代，一九零九年改名為彌敦道），即從今天的尖沙咀中間道伸展至油蔴地的加士居道。羅便臣道途經另一條小路伊利近道〔以英駐華全權特使伊利近（又譯額爾金）命名，一九零九年改名為海防道〕，再連接另一條海旁道路麥當奴道〔早期譯作麥端露道，以港督麥端露（又譯麥當奴）命名，他是着手開發九龍的人，一九零九年改名為廣東道〕伸展至當時的九龍角（又名尖沙咀）。

1908 年的羅便臣道，一年後改名為彌敦道。圖右可見金馬倫道的路牌。

一八六四年七月，港督羅便臣首次出售二十六幅瀕海地帶（從尖沙咀至界限街邊界），以及三十九幅非臨海土地。十一月，英海軍部批准香港仔的聯合船塢公司在九龍半島的紅磡興建一船塢（即黃埔船塢）以供軍事用途，而批出該船塢用地的代價只為象徵式的五十元。豈料這小型的軍事船塢日後竟逐漸發展成一大型機構，並促進了當地的發展。

約 1860 年的九龍全景圖，包括：

（1）九龍灣及牛頭角一帶；

（2）九龍城一帶；

（3）土瓜灣至紅磡一帶；

（4）尖沙咀及油蔴地一帶，可見港島的太平山；

（5）芒角至深水莆一帶；

（6）深水莆至長沙灣一帶。

從此全景圖中，可見當時的九龍，民居稀少，只有如星羅棋佈的英軍（其中也有部分是法軍）軍營。

1910 年剛由麥當奴道改名的廣東道。圖左列三層高的唐樓即為現時的
星光行及香港酒店所在，隔鄰為九龍倉。圖右的小路通往水警總部，
數年前已遭夷平，現為「1881」購物商場。

從梳利士巴利道望廣東道，約攝於 1925 年。圖左的唐樓於 1960 年代
末改建成星光行及香港酒店。

從彌敦道望向海防道，約攝於 1915 年。圖右為威菲路軍營，1960 年代改為九龍公園。圖左的唐樓亦於 1950 年代拆卸重建。

1915 年昂船洲軍營一角，當時該地已是防禦重地。

油蔴地位於九龍半島西部臨海，一八六零年以前，當地已有少量居民，只是人數不如棲身船上的漁民多。當時，清政府在當地的官涌山（後被夷平）上設有炮台，其位置即現時佐敦道與廣東道間的英皇佐治五世公園一帶，公園旁有炮台街，可以為證。一八六零年後，油蔴地天然的海灣受到港府重視，遂成為九龍半島最早被開發的地區。

英國侵佔九龍後，因為建設軍事基地的需要，開始清拆九龍角（尖沙咀）

1885 年完成的填海區示意圖。

和尖沙頭（近訊號山）間的蓋搭物，並於一八六四年把當地鄉民安置到油蔴地天后廟（今榕樹頭）附近一帶。僅數月間，當地便發展成一市集。

一八七六年，港府開始在油蔴地賣地，但反應未如理想，僅售出七十幅土地中的十五幅。然而，隨着一八八五年將沿岸的大片沼澤地填平（詳見附圖）後，衛生環境得到很大的改善，油蔴地遂陷入第二個發展階段。自此，油蔴地的北部（即公眾四方街以北）得到重新開發，差館街一直延伸至奶路臣街，而公眾四方街至文明里，以及甄油街至奶路臣街一段的差館街的售地情形亦甚理想。一八九二年，炮台街與南京街間並建有一煤氣廠。惟一八九四年油蔴地遭受疫症感染，該區的福星里及差館街的多座樓宇一度被當局封閉。但這事故卻無礙當地人口的增長，據統計，一八九七年油蔴地人口為八千多人，已超越紅磡、何文田及大角咀，成為九龍半島之最。

一八七零年代油蔴地開始築建（後不斷延長）的主要街道有二：差館街（一九零九年改名為上海街）及麥當奴道（一九零九年改名為廣東道），兩者皆分南北二段。差館街當時較羅便臣道（一九零九年改名為彌敦道）長，由官涌一帶伸展至深水莆，南北二段以芒角咀（又稱望角咀及旺角咀）為界。麥當奴道則從尖沙咀梳利士巴利道（一九七零年代後改名為梳士巴利道）一直延伸至荔枝角道，其南北二段以窩打老道為界。此外，港府又陸續在羅便臣道與麥當奴道之間開闢第一街（一九零九年改名甘肅街）至第八街（一九零九年改名寶靈街）間的橫街。

一八九六年，當局擴建麥當奴道及柯士甸道（油蔴地區最南端，第八街與柯士甸道的官涌山山坡因此被剷平）工程完成，油蔴地村與九龍角（尖沙咀）的交通因而得到很大的改善。然而，隨着二十世紀初羅便臣道向北伸展至旺角，油蔴地的位置卻逐漸被後者所取代。

約 1910 年的差館街南（上海街），即位於油蔴地的一段。圖中便是此街以其命名的差館（警署，建於 1860 年代末），其位置即今日上海街與街市街交界。

約 1874 年的九龍油蔴地，從官涌山望向芒角一帶，海旁道路為差館街（上海街）。圖中右下角一大片沼澤地帶，稍後被當局填平，並在沿海進行填海，獲得迄至新填地街的一大片土地，以安置大批由港島到此定居的市民。

約 1890 年的油蔴地，圖中一列屋宇前為新填地街，這片新填地乃 1880 年代填海所得。1900 年，這裡再進行另一次填海計劃，海岸線伸展至今天的渡船街。圖右地段於 1903 年開闢為第六街（佐敦道）。

位於炮台街與新填地街間的油蔴地街市，攝於 1915 年。此街市約建於 1885 年，以取代 1864 年建於街市街的舊街市，1960 年代中才遭拆卸重建。

約 1920 年的新填地街，從北海街向北望。圖左為油蔴地街市。

約 1925 年的西貢街（前名第三街），橫亙的是吳松街（前名堅尼地街）。這一帶的土地都是在 1880 年代油蔴地第一次填海而獲得的。

1930 年的廟街，從公眾四方街（Public Square 原為公眾廣場之意，但當時的蹩腳翻譯師爺將之硬譯為公眾四方，至 1980 年代才正名為眾坊街）向北望。

紅磡坐落於九龍半島東部，原以村落為主，包括鶴園村、老龍坑村和紅磡村等，正好與西部的小漁村油蔴地各處一方。而紅磡日後的開發，是與其船塢的經營分不開的。

一八六三年，黃埔船塢成立，同年即收購位於九龍黃埔的谷巴樂臣船塢（The Couper and Lockson Docks），兩年後又收購位於香港仔的林蒙柯柏船

位於紅磡灣的黃埔船塢，約攝於 1897 年。

塢（The Lamon and Hope Docks）。一八七零及一八八零年，黃埔船塢再分別兼併位於九龍紅磡及大角咀的聯合船塢和四海船塢，自此擁有日後發展壯大的基礎。一八九六年由於港島中區海軍船塢不敷應用，英軍部要求黃埔船塢協助維修，並以九九九年土地批期作為交換條件（一八九八年所有新批土地年期已改為七十五年可續七十五年）。於是黃埔船塢於一八九九年大事擴展。據統計，一八九七年全九龍人口有二萬六千多人，其中紅磡佔五千八百七十六人，而黃埔船塢就僱用了四至七千人（多來自附近的紅磡村），其影響之大，可見一斑。

無獨有偶，紅磡在十九世紀築建的街道亦多與船塢有關，包括一八七七年開闢的寶其利街（以黃埔船塢的高級職員命名）、船塢街（以附近的九龍船塢命名），大部分建於一八九四年、並以黃埔船塢高級職員姓氏命名的街道如邠嘉街（Baker Street）、曲街（Cooke Street）、機利士路（Gillies Avenue）和建於一九二二年的戴亞街（Dyer Street）等等。由於當時黃埔船塢的宿舍集中在街市街，致令街市街和附近的寶其利街成為該區最繁盛的街道。

約 1900 年的紅磡灣。圖左為黃埔船塢，圖右為青洲英坭廠。

此外，十九世紀紅磡的街道尚有建於一八七零年代的街市街（初期稱大街，後因一八八四年一場大火後興建的街市而得名，一九零九年改名為蕪湖街）、孖庶街（以當時的輔政司 Marsh 命名，又譯馬師，港島灣仔亦有一條馬師道）、山道（一九零九年改名天津街，一九五三年已消失）、常安街（一八九四年改名常安里，一九五三年已消失）及差館街（一九零九年改名大沽街）等。

1920 年的大環山及黃埔船塢。

約1900年的紅磡鶴園，圖中的建築群乃建立於1898年的青洲英坭廠。
這一帶乃後來的青洲街、鶴園街的所在。

位於紅磡蕪湖街的紅磡街市，約攝於1915年。這是建於1880年代兩
間九龍最早的街市之一。

約 1910 年的紅磡灣。圖左後方幾幢建築物為槍會山軍營,住家艇右後方為黃埔船塢。

約 1930 年由漆咸道(南)北望向紅磡灣。圖左為黃埔船塢,即今日紅磡灣中心及黃埔花園的所在。

5

十
九
世
紀
的
尖
沙
咀

尖沙咀坐落九龍半島南端，由於地勢高踞，有俯瞰整個海港的優越條件，故在軍事上十分重要。清政府就曾在其東南及西北地區分別建造尖沙咀和官涌兩座炮台，並派兵駐守。一八六一年，英國兼併九龍後，仍將尖沙咀大量土地撥作軍事用途，建造軍營、操場及馬房等設施。當時對發展「荒涼沙島，向無居民」的尖沙咀，並不熱衷。

一八六七年，香港政府開始在尖沙咀西南角展開小規模的填海工程，以建造一條五百英尺長的海堤。其後數十年間，又陸陸續續在尖沙咀進行不同程度的填海工程，由一八八零年代起先後鋪設多條街道，包括花園道（在一八八六年落成的九龍倉附近，一九零九年改名為漢口道）、遮打街（以九龍倉創辦人遮打爵士命名，一九零九年改名為北京道）、德輔

約 1900 年的尖沙咀。背景為飛鵝山，山前為九龍灣，九龍灣前的小山為大環山及黃埔船塢所在，中間半圓海灣為紅磡灣。

道（一九零九年改名為漆咸道）、麼地道、天文台道、加拿芬道、堪富利士道、加連威老道、金巴利道、金馬倫道（以港督寶雲的輔政司命名）、柯士甸道（以港督堅尼地的輔政司命名）、東道（一九零九年改名河內道）、中間道及梳利士巴利道。至此，尖沙咀區內的道路網基本完成。但通往鄰近地區的道路則要到一九二零年代初才全面接駁起來。

一八七四年，九龍的地價平穩上升，當時已有渡海小輪來往尖沙咀及港島。兩年後，港府開始計劃在尖沙咀開闢公園、興建教堂和學校。一八八一年，當局又將設置於一艘舊船上的水警總部遷往尖沙咀麥當奴道口的小山崗上，並在總部旁的梳利士巴利道設一滑坡道，方便水警小船上落。

一八八一年，英商遮打爵士以港幣五萬多元購買了兩幅尖沙咀麥當奴道對開海旁的地段（連制海權），並於一八八六年與怡和洋行合作，興建日後著名的香港九龍碼頭貨倉有限公司。從此，尖沙咀即成為商業及貨運中心。

此外，為了方便碇泊在維多利亞海港的船隻，鐵行輪船公司經理連同多名船長於一八七七年向當局提議：在尖沙咀依近山（後改名為天文台山）設一天文台，以及在水警總部旁興建一時球台。該建議被港府接納，天文台於一八八三年啟用，時球台則於一八八五年落成。一九零七年，時球台遷往黑頭山，此後該山改名訊號山。

1897 年的尖沙咀。正中兩間小屋處為柯士甸道，圖左為槍會山，圖右海旁為德輔道（漆咸道），背景為紅磡。

從黑頭山（俗名大包米）一帶望向九龍角，約攝於 1870 年代。圖左位於尖沙咀的建築物於 1881 年被用作水警總部。圖右下方的小支流為尖沙頭，即今天喜來登酒店及新世界中心一帶。圖中的海灣後來被填平，以擴建梳利士巴利道及興建半島酒店等建築物。

約 1900 年的九龍角（尖沙咀），圖中可見擴建於 1884 年的第二代水警總部。圖左為建於 1885 年的第一代時球台，時球台左旁為開業於 1886 年的九龍倉。

約 1890 年的尖沙咀。圖中橫亙者為金馬倫道，其右方盡頭處的海旁道
為德輔道（漆咸道），德輔道旁的海面，後被填平並建成今天的理工
大學及香港歷史博物館。

約 1915 年的北京道，由廣東道望向彌敦道。圖左的圍牆當時是九龍倉
的範圍，圖右是落成於 1902 年的尖沙咀街市，至 1999 年初才被拆卸。
其旁的三層高屋宇於 1970 年代初被大火焚毀。

漆咸道旁的槍會山軍營，約攝於 1910 年。

從槍會山望尖沙咀訊號山的第二代時球台，約攝於 1925 年。圖中的時
球台落成於 1907 年，正中道路是漆咸道（南），圖左是火車路軌，圖
右兩尊大炮的背後是柯士甸道。

約 1900 年的麥當奴道（廣東道）。圖左是九龍倉，圖右圍牆與樓宇間的是伊利近道（海防道）。

從遮打街（北京道）望向位於麥當奴道（廣東道）的九龍倉大閘口，約攝於 1905 年。這幢建築物後於 1978 年改建成現時的海洋中心。

約 1910 年的尖沙咀梳利士巴利道。圖右是九龍郵政局，即現時的「1881」購物商場一帶。圖左樹旁一帶正在興建九廣鐵路車站。

1920 年代的尖沙咀火車站及天星小輪碼頭。

約 1915 年的加拿芬道，圖右的馬路是金馬倫道，可見多幢兩層高的歐式別墅，正中的一座建築物的左方是現時的格蘭酒店所在，其左旁是堪富利士道。

約 1920 年的麼地道，由彌敦道向東望，可見訊號山上的時球台。兩旁是歐陸式別墅，但今天已是酒店及商廈林立的遊客購物大道。

尖沙咀加連威老道，由彌敦道向東望，約攝於 1930 年。圖左的一列兩層高屋宇，即現時東英大廈所在。

尖沙咀加拿芬道，攝於 1927 年 8 月颶風（1970 年代開始改稱颱風）吹襲後，圖右樹叢後面是堪富利士道。

6

二十世紀的紅磡

位於鶴園的中華電力發電廠，約攝於 1920 年。

二十世紀紅磡的開拓，除了繼續得力於一八六四年建立的黃埔船塢外，還得力於兩大企業：青洲英坭廠及中華電力有限公司。這兩家公司選擇紅磡為廠址，無疑是考慮到當地低廉的地價，加上海旁的碼頭設施，有助原料的運輸，可以彌補當時紅磡道路設施不足之弊。

一八九七年，青洲英坭廠從澳門遷來香港；翌年，便與黃埔船塢參與填海，獲大環山旁及鶴園一帶的大片土地，專門生產建築用的英坭。於是，當局在兩家公司之間，築了一條鶴園路（後改稱鶴園街），並打算由鶴園路開闢一條新路直通九龍城，此即馬頭圍道。

一九零一年，中國電力有限公司（China Light & Power Co., Ltd.）成立（一九一零年代開始改稱為中華電力有限公司），在德輔道（一九零九年改名為漆咸道）設立一發電廠，但供電範圍只限鄰近的青洲英坭廠和九龍的酒店（九龍其餘電力由香港電燈公司供應）。一九零六年，港府因要建造九廣鐵路，遂批出鶴園街六千多英尺土地予中電，以交換其原來的廠址。自此以後，中電日益壯大。一九二五年，中電在鶴園填海，進一步擴建廠房，這時其供電範圍已包括整個九龍及新界。

隨着二十世紀紅磡的發展，當地與其他地區的交通網絡也相繼動工。一九零三年，當局建造一條從紅磡至第六街（一九零九年改名為佐敦道）的幹道，以通往油蔴地。這條幹道橫越槍會山軍營和皇圃（京士柏），後來命名為加士居道（以當時的英軍司令 Gascoigne 爵士命名）。

一九零五年，紅磡和土瓜灣開展了大型的填海工程，主要為配合建造九廣鐵路火車路軌，以及鐵路的維修工廠、倉庫和員工宿舍。這項工程由尖沙咀南端開始，沿東部海岸線擴展，北至紅磡溫思街。紅磡一段的漆咸道也是這個時期築成的，成為連貫紅磡和尖沙咀兩個地區的主要街道。

紅磡向九龍城伸展的馬頭圍道，則在一九二一年才完成。此前不久，當局亦開闢了青洲街、佛光街、北拱街和填海而成的溫思勞街等。

約 1920 年的黃埔船塢，一艘軍艦正在維修中。

約 1920 年的黃埔船塢全景。圖右為中華電力的發電廠。整個黃埔船塢自 1960 年代起,漸改建為多個住宅區如黃埔唐樓、黃埔新邨、紅磡灣中心及黃埔花園等。

青洲英坭廠,約攝於 1930 年。圖右後方的小島上有一座海心廟,1960 年代這小島也因填海而變成了陸地。

約 1915 年的紅磡漆咸道。圖中一列三層高屋宇前為蕪湖街。

位於紅磡漆咸道近何文田的九廣鐵路車廠，攝於 1920 年代。

GOD SAVE THE QUEEN

1953 年的紅磡漆咸道（北），雙層巴士所在處為蕪湖街。牌樓是為慶祝英女皇伊利沙伯二世加冕而蓋搭的。

佐敦道與渡船街交界的汽車渡海小輪碼頭，攝於 1951 年。碼頭是供來往中環的汽車渡輪及來往灣仔之載客渡輪碇泊之用，1930 年代由公眾四方街遷移至此。

從十九世紀中的小漁村發展成十九世紀末、二十世紀初的華人商住區（早於一八八九年，該區已建有多座供住宅用的樓宇），油蔴地的變遷主要得力於完善的水陸道路網。

一九零零至一九零四年，油蔴地再進行一龐大的填海計劃，範圍由現在的新填地街伸展至渡船街，從佐敦道直至旺角道。由於其道路網絡是根據城市規劃的理論設計而成的，故南北行路線與海岸垂直並排，東西行路線則成直角貫通，井然有序。日後更被九龍半島其他地區所借鏡。

與此同時，數條連接九龍半島南北的主要街道如上海街、新填地街和廣東道的擴建工程、塘尾道的開闢（始於一九一七年），以及貫通東西的佐敦道（始建於一九零三年，原名第六街）、加士居道、公眾四方街和窩打老道的延長工程等，均先後完成。

海上交通方面，香港在一九零六及一九零八年連續兩次遭受颱風的侵襲，人命及旅運業損失慘重，迫使港府於一九一零年開始用五年時間建成油蔴地避風塘，使之成為當時容納船隻最多的避風塘。此外，擁有專營權的九龍四約街坊小輪公司（一九二三年底結業）及油蔴地小輪公司亦先後於一九一九及一九二四年開始經營多項往來油蔴地至港島及昂船洲泳灘等渡輪服務。一九三三年，渡輪服務再擴展至汽車渡海小輪，這時，位於公眾四坊街的渡輪碼頭（一九二三年築成）已全部遷往佐敦道。

成為華人商住區後，油蔴地的公共設施如窩打老道的廣華醫院（一九一一年）、石龍街的油蔴地蔬菜市場（一九一三年）及坐落於廣東道和公眾四坊街交界的油蔴地警署（一九二二年）等亦先後竣工。

1920 年代位於加士居道與佐敦道間的角位處（即現時拔萃女校），曾豎立一紀念碑，以紀念 1906 年風災中翻沉的法國軍艦 "Fronde" 號上殉難的法國官兵。

約 1947 年的油蔴地鳥瞰圖,圖左可見旺角,中間一條縱貫的是窩打老道。圖右後方彎形的是加士居道及彌敦道。位於轉彎部分左邊的建築物是南九龍裁判署,右邊是普慶和平安戲院,左中部為現已翻新的油蔴地戲院。圖的前方為落成於 1915 年的油蔴地避風塘(1992 年 10 月 23 日關閉)。

約 1920 年的油蔴地廣華街（圖中央街燈右方），圖中右建築物為落成於 1911 年的廣華醫院。1959 年，廣華醫院着手重建，範圍伸展至窩打老道，而這一截廣華街也劃為醫院擴建部分。

約 1930 年的窩打老道與英皇子道（太子道）交界。圖中可見剛落成的九龍塘區英式別墅。

油蔴地窩打老道近果欄的一段，攝於 1930 年代。

約 1930 年油蔴地官涌，圖左為官涌街市。大牌檔背後唐樓前為上海街（橫亘者）。

油蔴地市街的店舖，約攝於 1930 年。

油蔴地市街的店舖，約攝於 1930 年。

約 1930 年油蔴地街市附近的店舖。

約 1930 年油蔴地街市附近的大牌檔。

油蔴地廣東道，約攝於 1946 年。時值戰後不久，公共交通尚未完全恢
復，故載客三輪車曾短暫出現。

介乎甘肅街（前稱第一街）與寧波街（前稱第四街）之間的一段上海
街，約攝於 1950 年。

約 1953 年的油蔴地佐敦道。圖左的巴士前方為落成不久的快樂戲院。圖右白加士街旁的一列舊樓於 1970 年代才遭拆卸,並改建為嘉禾戲院。因接近碼頭和巴士總站,這時的佐敦道比彌敦道更繁盛。

1960 年代的油蔴地榕樹頭。圖左下角地帶為天后廟所在,圖中的榕樹後面橫亙者為街市街,左邊的馬路為廟街,右邊的為上海街。

8

二十世紀的尖沙咀

1920年的尖沙咀火車站，當時鐘樓已落成4年，但時鐘仍未裝上，直至1921年，重約一噸的時鐘才裝在鐘樓上。

二十世紀的尖沙咀，從一個軍事專用區與歐籍人士住宅區（一九零二年潔淨局以防止瘧疾為理由，曾提議將尖沙咀至九龍城之間二百英畝地區劃為歐人住宅保留區）發展為旅遊區，實在與一八九八年英國租借「新界」（即今界限街以北、深圳河以南及附近二三五個島嶼）後，香港整個防禦工事往北移分不開的。

在此背景下，一九零一年港府即籌劃興建九廣鐵路。由於九龍鐵路路軌主要鋪設在沿岸，有關部門於是加速開發尖沙咀更多土地以應需求，包括一九零一年用紅磡鶴園的地段交換中國電力公司位於紅磡漆咸道的發電廠地段；一九零四年把梳利士巴利道擴闊為一百呎寬；兩年後，再夷平位於訊號山旁的一座小山，以便貫通德輔道（一九零九年改名漆咸道）與梳利士巴利道；以及在九龍角和訊號山（即由尖沙咀至尖沙頭）對開一帶進行填海工程。

一切準備就緒後，九廣鐵路英段（尖沙咀至羅湖）於一九零六年開始興建，全長二十二哩，並於一九一零年通車。而尖沙咀至廣州（全長一一零哩）則於一九一一年

1930年代的尖沙咀梳利士巴利道藍煙囪碼頭。1970年代火車站遷移後，碼頭即遭拆卸，並建成現在的新世界中心。

全線通車。當時大力鼓吹這項工程的港督彌敦（Matthew Nathan，一九零四一一九零七在任）認為，新界是香港理想的工業地帶，而一條貫通九龍與廣州的鐵路運輸，是為新界提供最合經濟原則的交通系統。

一九一六年，一座連同鐘樓的九廣鐵路客運總站於尖沙咀落成（一九七五年此總站遷往紅磡），從而奠定了該區作為旅運中心的基礎。其後在工商、運輸及旅遊業幾方面的推動下，到了一九三零年代，尖沙咀已成為整個九龍半島的心臟地帶。

運輸交通方面，早於一八九八年在尖沙咀九龍倉旁建有碼頭的天星小輪公司，因貨物搬運而引致搭客諸多不便，遂於一九零六年遷往已擴闊的梳利士巴利道盡頭處，與火車站毗鄰。同年，為了方便郵政運輸，當局又在火車站興建一座龐大的九龍郵政局，以代替位於水警總部旁的舊郵政局。

工商及旅遊業方面，一九零二年落成的紅磚街市（位於遮打街與麥當奴道交界，一九七九年結束營業並改為尖沙咀郵政局，數年後再先後改作警方辦公大樓及商舖，一九九九年始遭拆卸）、一九二三年落成的九龍酒店（位於半島酒店後面的中間道）和一九二八年開幕的半島酒店（位於梳利士巴利道與彌敦道交界），配合九龍倉的郵輪碼頭、九廣鐵路及天星碼頭，使尖沙咀作為遊客區的地位得以確立。

約 1946 年的尖沙咀火車站，火車經過處為藍煙囪碼頭旁。

1946 年的中間道。圖左第二幢建築物為第一代的九龍酒店，圖右的半島酒店外牆仍殘留戰時的軍事迷彩。背景為訊號山。

1923 年的九龍天星碼頭廣場。圖中停泊的巴士前二輛屬啟德汽車有限公司，往來九龍城啟德濱至尖沙咀；後面的一輛為九龍汽車有限公司所有。

約 1924 年的尖沙咀碼頭與火車站間之巴士總站。圖中可見一輛早期的巴士，屬中華汽車有限公司所有。

約 1930 年的九龍天星碼頭廣場。

1940 年代末的尖沙咀巴士總站。大洋船前的小碼頭在 1906 年之前為舊天星碼頭。

1946 年的尖沙咀火車站，當時鐘樓上的戰時迷彩尚未清洗。1975 年後，這座火車站遭受拆卸，只餘下鐘樓，其他部分則建成今天的香港文化中心。

1948 年的梳利士巴利道，當時這一帶已是車水馬龍。圖左是天星碼頭和九龍倉的入口，圖右的一列遊客商店，屬九龍倉所有，至 1960 年代中始被拆卸，並改建為現時的星光行。

| 1950 年的尖沙咀碼頭。此碼頭於 1957 年才改建為現時的現代化建築。

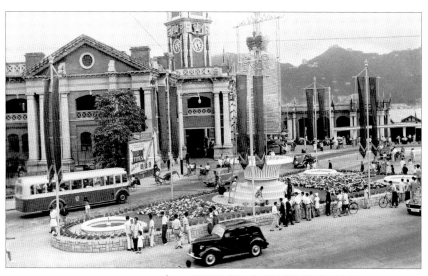

| 1953 年的尖沙咀火車站。圖中裝飾是為慶祝英女皇伊利沙伯二世加冕而懸掛的。

9

大角咀與何文田的開發

1910 年代位於加士居道旁的皇囿（後來改名為京士柏），意即皇帝的花園。1960 年代，當局在附近興建了一座「女皇的醫院」，即伊利沙白（二世）醫院。

早在十九世紀六七十年代，大角咀、何文田（中間隔着芒角）、紅磡、油蔴地已是華人的主要聚居地。

一八七一年，港府首次將位於大角咀的官地拍賣，年期為九九九年。一八八零年，黃埔船塢收購了位於今天大角咀大同新邨的四海船塢，自此以後，大角咀便逐步發展為十九世紀末的工業區，當地居民亦多為船塢工人。

一八九九年，當局擴建了大角咀村至油蔴地的一段差館街（一九零九年改名上海街），並使之與建造中的新幹道——大埔道接駁。

一九一二至一九二八年，當局在大角咀至深水埗一帶進行大規模的填海工程，並於一九二三年把大角咀福全鄉與深水埗新填地之間的多座小山夷平，把原來的牛莊街、福州街、重慶街及福全鄉大街重整為新的福全街。工程完成後，大角咀逐漸成為主要的工業區。這一帶工廠林立，包括以「一味

約攝於 1915 年的何文田。圖中央可見九廣鐵路路軌。

靠滾」為標榜、生產駱駝牌熱水瓶聞名的唯一熱水瓶廠（位於棕樹街），以及鄧芬記製造廠（位於福全街），大角咀的工業區地位直至一九六零年代後才被長沙灣、荃灣及觀塘所取代。與此同時，港府又把戰後大角咀填海所得的土地，發展成住宅區。

相較之下，何文田的發展遠不如大角咀般順利，主要原因是其位置在土瓜灣與旺角之間，既無海可填，交通網絡亦不算理想，因此至一九二零年代當彌敦道伸展至旺角後，其重要性便被後者所取代。

早在十九世紀下半葉，何文田主要是石匠、菜農和養豬人的聚居地。至二十世紀初，隨着亞皆老街的落成，何文田一度變得十分繁盛。一九零二年，當局選擇了何文田西南面的軍事用地改建為皇囿（King's Park，後來改用音譯京士柏），以紀念英皇愛德華七世於一九零一年登基。一九零三年，當局又在皇囿旁興建一條由紅磡至佐敦道的加士居道。

一九二零年代以後，由於彌敦道延伸至旺角，何文田人口遂相繼西移。戰後何文田的範圍也從早期的亞皆老街、窩打老道及勝利道的三角地段，伸展至今天愛民邨一帶。與此同時，港府曾在何文田山旁築有一條小路名楠道，楠道後來擴展成主要幹道（一九六六年改名為公主道，以紀念英國瑪嘉烈公主訪港）。至一九七零年代，何文田已發展成一公營及私人住宅區。

約 1964 年大角咀福利街前，香港船廠修建的油蔴地小輪公司的渡海小
輪。背後為該公司的宿舍。這一帶現為港灣豪庭屋苑。

1970 年代中的大角咀晏架街，圖右為麗華戲院，其左旁的簡陋矮屋後
來清拆並改闢為球場，圖後方橫亙者為橡樹街。

1962 年何文田山，前面的道路為楠道（1966 年易名為公主道）。圖左後方的建築群為英皇佐治五世學校。

1964 年的何文田治民街及何文田山，這一帶後來發展為何文田邨。

1962 年的何文田楠道。這一帶的屋宇後來被全部拆卸，楠道則被擴闊為主要幹道，並於 1966 年改名為公主道。

10

旺角的開發

相對於毗鄰的大角咀（左）及何文田（右），芒角（一八八零年代官方地名有作望角或旺角，但民間仍有稱作芒角）的發展在十九世紀較為緩慢。當地居民以務農為主，人數亦較其他華人聚居地少。可是，早在一八六八年，港府已在此設立了一所官立學校。

約 1925 年剛開築完成的英皇子道（太子道）。

事實上，旺角的開發主要是交通網絡發展帶動下的結果。一八八零年代，當局開闢了從油蔴地至旺角村，再伸展至深水埗的差館街（一九零九年改名上海街），旺角的人口因此稍告增加。

此後三四十年間，一連串公共設施的相繼落成，均使旺角村、旺角咀一帶變得更加繁盛。這些工程包括：十九世紀末由旺角村至九龍城的亞皆老街的落成；一九零一年一條貫通今天彌敦道與西洋菜街之間的水渠（即今水渠道所在）的完工，使雨水能夠迅速流向地勢較低的旺角村耕地；一九一五年位於旺角咀（指近海一帶）山東街與塘尾道之間，至佐敦道對開海面的避風塘（專供小型船隻停泊）完成；以及一九一九年山東街的旺角咀碼頭（設有開往港島的小輪航線）落成等。

踏入一九二零年代，旺角的交通網絡進一步完善。一九二一年，加冕道（加士居道至今天的眾坊街，為紀念一九零一年英皇愛德華七世的加冕大典而命名）伸展至旺角村近快富街。一九二五年，從旺角至九龍城新築成的街道——宜華徑（Edward Avenue），以一九二二年訪港的英國威爾斯皇儲命名，一九二四年改名為英皇太子道，戰後再改中文名稱為太子道。與此同時，由界限街、太子道伸展至獅子山、何文田及油蔴地的窩打老道（始建於一九零六年）又進行擴建；加上一九二六年擴建竣工的彌敦道，使旺角成為較油蔴地、何文田更繁榮的地區。

約 1929 年的英皇子道（太子道）接近窩打老道的一段，圖左為九龍塘區的英式別墅。

約 1950 年的英皇子道（太子道）。尖塔的建築物是位於英皇子道與窩打老道間的聖德勒撒堂。

約 1951 年的旺角彌敦道與鼓油街交界。圖左的彌敦戲院不久便遭拆卸，戲院前端可見山東街口的龍鳳大茶樓。圖右下方為現時的信和中心所在。

1930 年代末的旺角東方煙廠花園，從登打士街向北望。圖中橫亘的是
豉油街，兩列屋宇當中的是通菜街，右方為花園街，乃以前方的花園
命名，都是落成於 1925 年。

彌敦道與山東街交界。可見龍鳳茶樓及麗斯戲院。山東街旁的牌樓乃
慶祝 1953 年 6 月 2 日英女皇的加冕大典。十分巧合的是，在 20 世紀
初至 1920 年代中，這一段彌敦道（由加士居道至旺角）原來的名稱便
是加冕道。

1979 年的旺角與大角咀。圖左是為位於櫻桃街的沙崙中學，前方是油麻地避風塘，正中橫亘的是塘尾道及接連的渡船街。

11

彌
敦
道
的
擴
建
及
其
鄰
近
街
道

約 1890 年代的尖沙咀羅便臣道。1904 年，港督彌敦致力開發九龍，為紀念彌敦港督大力擴展羅便臣道，1909 年該街道改名為彌敦道。

彌敦道（一九零九年前名為羅便臣道）始建於一八六零年代，從尖沙咀梳利士巴利道至油蔴地的加士居道，是九龍半島最早的一條主要幹道（詳見第二章）。一九零六至一九二六年間，彌敦道經過多次延長和合併，最終成為九龍最長的馬路。

一九零六年，港督彌敦爵士倡議貫通彌敦道（當時仍叫羅便臣道）、加士居道和加冕道（加士居道至今天的眾坊街，為紀念一九零一年英皇愛德華七世的加冕大典而命名），開始着手夷平位於普慶戲院及加士居道旁的部分山坡（即現時平安大廈對開的彌敦道）。在工程進行期間，當局又於一九二一年將加冕道伸展至旺角村近快富街。

一九二六年，彌敦道的夷平部分山坡的工程大功告成，並與延長後的加冕道與位於九龍舊界內的大埔道正式合併，成為九龍最長的馬路——彌敦道（尖沙咀梳利士巴利道至界限街）。

由於新的彌敦道貫穿整個九龍半島，並可通往大埔道（英國接管「新界」後不久，即於一九零零年開始築建，前後只用了兩年時間，便完成全長十八英里、從大埔至油蔴地的大埔道，其中界限街至油蔴地一段兩英里的大埔道位於九龍舊界），對接駁九龍、新九龍與新界，至關重要。

這條新組成的彌敦道，由尖沙咀梳利士巴利道至深水埗兩旁橫貫了多條著名幹道，包括柯士甸道、佐敦道、加士居道、公眾四方街（一九八零年代改名為眾坊街）、窩打老道、山東街、亞皆老街、旺角道、荔枝角道及太子道等，都是前往九龍及新界各區的主要道路。它們的出現，對於九龍的發展和繁榮，居功至偉。

自一九五零年開始，昔日九龍最熱鬧和繁盛的街道上海街（因附近有多座碼頭，乃民居的聚散地），也要讓位給彌敦道了。

1950 年代初的彌敦道與中間道交界。圖左是半島酒店，圖右為玫瑰酒店（即後來的國賓酒店），遠處是當時九龍最高的電話大廈。

約 1930 年的尖沙咀半島酒店，右旁為彌敦道，左旁為漢口道（1909年前名為花園道）。漢口道與北京道交界的金字屋頂建築物為景聲戲院，戲院周圍亦可見昔日花園的痕跡。

1940 年代的彌敦道。玫瑰餐室的前方為中間道，圖左巴士旁有數株大樹處為北京道。

約 1920 年的彌敦道由海防道向南望，圖左植樹處為加拿芬道。

約 1925 年與長樂街交界的一段彌敦道。圖右第一幢的建築物後來拆卸建成樂宮戲院（現美麗華酒店），其旁是金巴利道。圖左大樹處為軍營。背景處可見聖安德烈教堂。

彌敦道近山林道，攝於 1950 年。圖左威菲路軍營內可見泊有多輛軍車。

從南京街望彌敦道，約攝於 1950 年。兩棵樹之間為佐敦道。

彌敦道近加士居道，攝於 1930 年代。圖左為普慶戲院，其旁樹後是第一代的彌敦酒店，巴士背後為上海旅店。約 1925 年，中華汽車有限公司曾開辦巴士路線行走油蔴地至深水埗一段彌敦道。在此以前，這段彌敦道，只供人力車行走。

1930 年代的彌敦道，兩簇樹叢處為佐敦道。馬路上可見數輛巴士在行走。

約 1952 年的油蔴地彌敦道，前面橫亙的是佐敦道，有中國式亭台的別墅為現時的裕華國貨。圖中右上角為京士柏，左鄰為循道會，循道會前為南九龍裁判署。

1953 年的彌敦道近加士居道，時正值英女皇的加冕出會巡行。這一段
彌敦道在 1902 至 1926 年間名為加冕道，以紀念 1902 年加冕的英皇
愛德華七世。

位於油蔴地的一段彌敦道，攝於 1954 年，當時正進行女皇壽辰閱兵
儀式。

位於彌敦道與甘肅街交界的平安戲院，約攝於 1950 年，為當時九龍最大的戲院。1950 年代末遭拆卸，改建為平安大廈。平安戲院側面甘肅街處另有一間小型的廣智戲院。

1953 年 6 月 3 日的彌敦道夜景，牌樓為慶祝英女皇加冕而蓋搭的。圖左為位於甘肅街口的平安戲院。

12

深
水
埗
區
的
開
發

據新安縣志所載，清嘉慶年間，九龍半島的深水埗區已有深水莆（埔）、長沙灣等村落。一八九八年英國租借「新界」後，即將界限街以北的深水

1958 年荔園海灘泳棚。旁為一架路德會的流動糧食車與輪候的學童。

埗、荔枝角及九龍塘一帶歸入九龍市區，命名為「新九龍」（即西北起自荔枝角、北面沿獅子山及飛鵝嶺之南、東至將軍澳以西、南至界限街和鯉魚門）。

十九世紀中葉，深水埗內有鴨寮村、元洲村等小村落，但發展並不理想。主要原因是深水埗東部近九龍塘村（今又一村所在）有一條大水坑（水坑兩旁即今天的大坑東及大坑西），水坑的水輾轉經一明渠流出大海（明渠所經處即一九一零年代築建的南昌街），是以把深水埗與其他村落分隔開。此外，在今南昌街與海壇街和通州街之間，又有一座西角山，均構成該區發展的障礙。

一九一二年以前，當局並未着力發展該區，其主要的道路設施僅有一八八零年代從旺角咀延伸至深水埗的北差館街，以及一九零二年建成從新界經深水埗的大埔道。至於後來南昌街旁的住宅樓宇（第一批建於一九零九年），以及一九一一年完成的荔枝角道的桂林街與北河街之間（新填地上蓋有多幢樓宇）、南昌街至桂林街一帶的填海工程（新填地上開闢了鴨寮街和汝州街），均是由私人承建商小規模地進行。

一九一二年，港府決定在深水埗進行大規模填海，其範圍再由桂林街伸展至東京街，並夷平西角山。是次填海於一九一四年完成，獲土地九點六七畝。一九一九年當局又開展另一階段填海，由東京街延伸至荔枝角，歷時十年才陸續完成。

這段期間，深水埗和荔枝角的面貌發生了重大變化。首先是當局把伸延至深水埗的舊邊界闢為界限街（一九二一年），當時除了部分新填地用作交換九龍塘村的地段（九龍塘於一九二二年開始籌劃發展為一英國氣息的新市鎮，詳見第十四章）外，其餘皆由軍部接管以興建軍營（日佔時期欽州街以西填海區域的軍營曾作囚禁戰俘）。接着是深水埗於一九三零年代逐漸發展為一工業區，紡織、製衣、五金、搪瓷等工廠林立（尤以長沙灣為最）。一九二八年，美國標準石油公司更選擇在荔枝角灣畔建造美孚儲油庫（即一九六六年底開始動工的私人屋邨美孚新邨所在）。而由荔枝角至長沙灣的青山道也於一九三零年接近完成階段。

戰後，深水埗至長沙灣的發展更加迅速。例如香港第一個徙置區石硤尾邨於一九五四年落成，此外一九六零年代起多個公共屋邨如蘇屋邨、長沙灣邨、元洲邨、白田邨也相繼落成。

1918 年的深水埗基隆街，圖右為北河街。當時深水埗正在發展，圖中是第一批在新填地上興建的房屋。

1920 年代末的深水埗及長沙灣。橫亙的幹道為荔枝角道。荔枝角道最右端的建築物是位於欽州街口的警署，背景可見大埔道和青山道。

1920 年代末的深水埗及長沙灣軍營。

從大埔道俯瞰長沙灣的農田，攝於 1920 年代末。圖中橫亙者為青山道，圖右岸邊為東京街。

約 1935 年的深水埗北河街，由長沙灣道向南望。龍江大茶樓處為汝州
街，正中街市後為大南街。

剛通車不久的龍翔道（上）和大埔道（下），攝於 1962 年。圖後方為
剛落成的廉租屋蘇屋邨。

1967 年的李鄭屋徙置區，七層徙置大廈旁是廣利道。圖中的村屋及寮
屋後來均遭拆卸，建成李鄭屋游泳池。

石硤尾白田村，攝於 1965 年。這一帶後來
建成白田公共屋邨，前面的馬路是南昌街。

建成不久的白田邨，攝於 1975 年。當中的馬路是南昌街，圖右空地後
來興建成多間學校和老人院。

1965 年的長沙灣，由荔枝角道起的填海工程正在進行中。新填地區後來設有屠場、蔬菜及家禽批發市場和西九龍走廊。

從大埔道俯瞰九華徑村及附近一帶的農田，攝於 1951 年。

約1950年的長沙灣。圖中堤岸內的海域，至1960年代後期才全面填平。

　　九龍城區位於九龍半島東部，地跨界限街南北，與深水埗、旺角、油尖區毗鄰。範圍包括九龍寨城（詳見第一章）、九龍塘、馬頭圍、紅磡（詳見第四及第六章）、何文田（詳見第九章）及土瓜灣。

約 1915 年的土瓜灣。背景為當時著名的中國南洋兄弟煙草公司廠房。

　　一八九九年英國接管「新界」後，馬上任命一地政監督籌建一條九龍城至紅磡鶴園的幹道馬頭圍道，以及通往油蔴地水井口的亞皆老街。一九二零年代，港府又相繼開闢了九龍城至旺角的太子道（以當時的太子、後來的愛德華八世命名）及從界限街、太子道延伸至九龍塘的窩打老道。至此，九龍城區的主要道路網基本完成。

　　清末至辛亥革命期間（一九一零年代），由於大量移民從內地湧入香港，令住房供不應求，於是一群華商遂計劃在九龍灣進行香港有史以來最大規模的填海工程。一九一四年在伍廷芳的建議下，華商何啟（同年逝世）、區德（一九二零年逝世）、曹善允、周壽臣、黃廣田、周少岐等組成啟德營業有限公司（一般說法的啟德地產投資有限公司，實為 The Kai Tack Land Investment Co., Ltd. 的譯名而已）。一九一六年在港府的同意下，新公司開始進行第一期填海工程（一九二零年完成），以興建一個華人高尚住宅區，即後來的啟德濱。

　　一九二四年，「啟德」為方便啟德濱的住客，在九龍灣新填地近九龍寨城津碼頭處，開闢了五條街道，即南角道、龍崗道、城南道、打鼓嶺道及啟德道。唯受到環境衛生欠佳的謠言和二十年代中期地產市道滑落等影響，「啟德」的第二期填海工程於一九二七年被迫中斷，並交由港府接手。最後工程於一九三零年完成，但改作皇家空軍機場。至一九三零年代中，再改作民用的啟德機場。

　　與此同時，一批英商也於一九二二年組成九龍塘發展有限公司，欲把與九龍城毗鄰的九龍塘發展成一築有多座英國式兩層高花園別墅的新市鎮。可是工程受到一九二五年省港大罷工和發起人病逝的影響而停頓。數年後，始由何東爵士接管並繼續進行（一九二九年完成）。因此九龍塘此時築建完成的街道均有濃濃的英國味，如金巴崙道、雅息士道、劍橋道、牛津道、打比道、約克道等。此外，也有一條紀念何東爵士的何東道。一九六零年代末，當局將接近九龍塘的一段龍翔道改名為廣播道，以配合設立在山坡上的多家電視台及電台。

1952 年的九龍城迴旋處。圖右是太子道，圖左是亞皆老街，雙層巴士背後是當時的「機場酒店」——太子酒店。

從九龍寨城望九龍灣，約攝於 1925 年。圖左為新落成的啟德濱新邨，1923 年發展商為了推廣啟德濱，更組成啟德汽車公司，派車行走九龍城新填海區至尖沙咀。

1927 年的啟德濱屋宇，當時該屋邨的發展已陷於停頓，同年年終由政府收購接管。至日佔時期啟德濱屋宇被拆卸以擴建機場，即後來客運大廈的所在。圖中橫互的是三德路，縱向街道左起依次為啟德路、啟仁路、長安街及啟義路。

1950 年代初的啟德機場，飛機工程公司（HAEC）左旁的水渠至今尚存。圖中的飛機停泊處於 1960 年興建為客運大廈。

約 1949 年的啟德機場。自 1936 年起，第一班由倫敦飛抵香港的航班在啟德機場降落後，香港在半個多世紀間已漸漸演變為亞洲的空運中心之一。

1950 年代的啟德機場，設備簡陋（客運大廈 1962 年才落成），停機
坪旁還設有露天茶座，一派閒情。

約 1930 年九龍寨城及其外圍的民居，其中不少於日佔期間遭到拆卸以擴建機場。

1930 年代初九龍城太子道近福佬村道，背景可見啟德濱屋宇及獅子山。

1930 年代初的界限街近窩打老道一帶。後方圓形屋頂為喇沙書院，現為碧華花園所在。

1930 年代初，從聖德勒撒教堂西望。圖右為巴芬道，圖左為英皇子道（太子道）。

14

黃大仙區的開發

約1920年近九龍城的木廠，背景為飛鵝嶺。

黃大仙區位於九龍的東北部，北至獅子山、大老山南麓，與沙田（北）、西貢（東）、觀塘（南）及九龍城（西）毗鄰。因有獅子山、大老山餘脈及境內的飛鵝山，故多為丘陵山地，為戰後開發的新住宅區。

第二次世界大戰以前，黃大仙區的村落人跡罕至、土地貧瘠，唯一較為人熟悉的是建於一九二一年的黃大仙廟（因供奉黃大仙畫像而得名），創辦人為廣東西樵人梁仁菴，組織正名為嗇色園。該廟宇位於今黃大仙上邨東北方，曾經過多次擴建及重修，現在所見的主殿「赤松黃仙祠」乃於一九七三年重建落成的。

戰後香港人口激增，經濟逐漸恢復並繼續發展，港府遂着力開發新住宅區。一九五八年，隨着伸出九龍灣的新機場跑道的落成，港府遂將原來的部分機場地區開闢為新的工業區新蒲崗。當地以製衣及紡織廠為主，後更發展為黃大仙區最大的私人住宅區，主要街道有彩虹道及大有街。此外，當局又擴闊太子道東（原名西貢道，約建於一九三零年，由石鼓壟道至牛頭角，八十年代末始改名太子道東，而原來的太子道則命名為太子道西），使之成為黃大仙區的主要幹道。

五十年代中至六十年代，當局又大力發展黃大仙成為新的住宅區（以公共屋邨為主），包括慈雲山邨、黃大仙上邨及黃大仙下邨（一九七零年代中起陸續拆卸重建）、東頭邨（區內的衙前圍村為九龍現存唯一的圍村）、橫頭磡邨（八十年代拆卸重建）、老虎巖新區（一九七零年代初期改名樂富，八十年代拆卸重建）、鳳德邨、彩虹邨、彩雲邨、牛池灣及鑽石山。

與此同時，黃大仙的對外幹線如龍翔道、太子道東、清水灣道、竹園道等亦相繼擴闊及開闢。

橫頭磡新區的店舖，攝於1963年。

剛通車的龍翔道，後方為正在興建中的橫頭磡徙置區，攝於1962年6月。

1963年的東頭村東正道，當時這裡是無牌牙醫雲集之地。稍後此等兩三層高的建築物陸續被拆卸改建。

1962 年的黃大仙毗鄰的馬仔坑。街前的安置區後來開闢為摩士公園。

正在開發的慈雲山新區，攝於 1962 年。遠方可見黃大仙、老虎巖及橫頭磡徙置區。

1963 年的黃大仙徙置區，馬路是東頭村道。此七層徙置屋邨於 1970 年代後期陸續拆卸重建。

1966 年的聯合道老虎巖新區（今樂富），小汽車前的地段，為現在 UNY 百貨公司所在。

15

觀塘區的開發

觀塘區，位於九龍的東南部，與黃大仙（北）、九龍城（西）、西貢（東）及鯉魚門（南）毗鄰。其西面為平地、填海地，東北、東部和南部為丘陵山地。全區包括坪石、九龍灣、牛頭角、定康、觀塘、翠屏、順利、秀茂坪、藍田（一九七零年前名鹹田）、油塘、將軍澳等地，其中觀塘更成為戰後發展的首個新市鎮，其計劃甚至早在荃灣之前。

其實，早於一九三零年代中期，港府已開始利用被棄置的磚瓦木石及垃

位於將軍澳的調景嶺，約攝於 1910 年。圖中可見用創辦者名字命名的蘭尼麵粉廠。

觀塘垃圾堆填區，攝於 1953 年。填海完成後，當局將其發展為一人口密集的繁盛工商業市鎮。

圾在觀塘西面填海，故早期的填海區又名「垃圾灣」。惟觀塘的開闢卻因戰事而停頓，直至一九五四年，政府各部門成立的委員會選中觀塘成立工業區，才繼續開發。該委員會建議在觀塘亞細亞火油公司（一九四七年購入近茶果嶺二十餘萬方呎地皮建油庫，即現時的麗港城所在）附近填海一百四十英畝作工廠用途，並將觀塘北部的山地闢作地盤，供住宅及其他設施之用。這項工程可說是香港有史以來最大規模的填海工程。一九五七年第一期填海工程完成，工廠陸續遷入，觀塘遂成為繼新蒲崗後的第二個新工業區（主要集中在西部及西北部），而新開闢的街道命名亦與工業有關，如開源道、偉業街、勵業街、鴻圖道等。由於觀塘的開發，引致油塘、藍田亦相繼於一九六零年代中後期開始發展為日後的工業及住宅區。一九七零年代中，為了應付公共屋邨及工業樓宇的日益需求，九龍灣、牛頭角對開的海面再度填海，成為新的工業中心；而公共屋邨則向清水灣道發展。

1963 年的觀塘，屋邨群中左邊是翠屏邨，俗稱「雞寮」，乃一九五八年興建的早期徙置區。右邊是興建中的和樂邨。

交通幹道方面，九龍市區與觀塘最早的交通線只有牛頭角道，一九六一年底始完成與牛頭角道平行、在海邊填築的主要街道觀塘道（一九七二年起再從雙線行車擴建為三、四線行車）。此外，為了配合一九九零年代鯉魚門和將軍澳的發展，鯉魚門道及將軍澳道亦進行擴建；而沿海的觀塘繞道也因九龍灣填海工程完成後開鑿完畢。

剛開闢的秀茂坪曉光街，攝於 1964 年。圖右下角為觀塘邨。

1966 年的觀塘道，圖中可見新落成的工業大廈，前面為清拆前的牛頭角村。

外篇

圖 1

圖 2

圖 3

圖 4

圖 5

圖 6

圖 7

類別 / 年份	地點	建築物	備註
一、著名遺蹟			
漢代	李鄭屋邨	漢墓	1955 年因建屋邨而被發現。
宋代末年 （1278 年）	九龍城	宋王台（圖 1）	日佔時期（1942 年）因需石塊擴建機場而被夷平，至 1960 年代初，始將刻石修整，移放今址，建為宋王台公園。
1840 年	尖沙咀及官涌	臨衝及懲膺炮台	1841 年英人將之拆毀。
1847 年	九龍城	九龍寨城落成	原為清政府設立的寨堡，1846 年擴建，1942 年因擴建機場，城牆遭拆毀。1992 年整個寨城拆卸。
1883 年	伊利近山（後改名天文台山）	天文台落成啟用	
1885 年	尖沙咀水警總部隔鄰	時球台落成	
1898 年	九龍倉內	九龍郵局創辦	
1906 年	尖沙咀梳利士巴利道水警總部旁	九龍郵局遷至上址	1920 年代中作消防局用途。
1907 年	尖沙咀梳利士巴利與漆咸道間之訊號山（黑頭山）	時球台遷至上址（圖 2）	1933 年 6 月 30 日最後一次報時。
約 1915 年	尖沙咀火車站旁	九龍郵局再遷往上址（圖 3）	
1916 年	尖沙咀梳利士巴利道盡頭	火車站鐘樓落成（圖 4）	1920 年代中始裝上時鐘。
二、古廟及教堂			
清乾隆年間	鯉魚門燈塔前	天后廟	廟旁有古炮二尊及不少摩崖石刻。
清咸豐年間	慈雲山	觀音廟	
開埠前	九龍城聯合道	侯王廟（圖 5）	相傳為祀奉宋末皇舅楊亮節，因其勤護宋少帝有功。1879 年重修。
約 1840 年	油蔴地廟街	天后廟（圖 6）	1870 年重建落成。
1885 年	土瓜灣	海心廟（圖 7）	1960 年代中期附近填海成為陸地。
1896 年	尖沙咀彌敦道	清真寺落成（圖 8）	1984 年重建落成。
1905 年	尖沙咀漆咸道	天主教玫瑰聖母堂落成	
1906 年	尖沙咀彌敦道	聖安德烈教堂落成	
約 1920 年	何文田窩打老道	水月宮（圖 9）	後遷往旺角伊利沙白二世運動館旁。
1921 年	黃大仙龍翔道	黃大仙祠落成（圖 10）	創辦後不斷擴建，其中主殿「赤松黃仙祠」於 1973 年重建落成。
1929 年	旺角染布房街	聖公會諸聖堂落成	
1932 年	太子道	聖德勒撒堂落成（圖 11）	
1951 年	加士居道	循道衛理聯合教會九龍堂落成	

類別／ 年份	地點	建築物	備註
三、碼頭及船塢			
1864 年	紅磡灣至鶴園一帶	聯合船塢批地（圖12）	聯合船塢是黃埔船塢的前身，以港幣 50 元購得。1970 年代起陸續發展為住宅區。
1880 年	深水埗與大角咀間（即現時的「大同新邨」）	黃埔船塢落成	收購鄰近的四海船塢而成。
1886 年	尖沙咀麥當奴道（1909 年改名為廣東道）	香港九龍碼頭貨倉有限公司落成營業（圖13）	設有郵輪碼頭。
1888 年	紅磡灣	黃埔船塢一號船塢（Admiralty Dock）落成啟用	
1888 年	尖沙咀九龍倉旁	渡海小輪碼頭落成啟用	來往九龍角（尖沙咀）與中環間的渡海小輪開始服務。
1898 年	尖沙咀九龍倉旁	天星小輪碼頭	天星小輪有限公司成立，接替原來的渡海小輪公司。
1900 年	深水埗界限街盡頭的海面	深水埗碼頭	供來往深水埗至港島的渡輪停泊。
1906 年	尖沙咀梳利士巴利道盡頭	天星小輪碼頭遷至上址（圖14）	梳利士巴利道的擴闊工程在同年完成。
1915 年	油蔴地及旺角咀對開海面	油蔴地避風塘	1990 年代初填海時予以填平。
1919 年	佐敦道	油蔴地至昂船洲泳灘的小輪碼頭	由九龍四約街坊小輪有限公司經辦由油蔴地·芒角（旺角）及深水埗往來維多利亞城的渡海小輪航線。
1919 年	油蔴地避風塘內的山東街	旺角咀碼頭	
1919 年	北河街	深水埗碼頭遷至上址	
1921 年	昂船洲泳灘	小輪碼頭落成	由九龍四約街坊小輪有限公司經辦由油蔴地佐敦道來往昂船洲泳灘的小輪航線。
1923 年	油蔴地公眾四方街	小輪碼頭落成	
1924 年	佐敦道	油蔴地小輪碼頭	油蔴地小輪船公司成立，接替除天星小輪外，所有往來港九的小輪航線。
1933 年	佐敦道	油蔴地小輪新碼頭	汽車渡海小輪開始投入服務。
四、學校			
1847 年	九龍城	龍津義學建成	
1869 年	亞皆老街	拔萃男書院	屬聖公會港澳教區。
1880 年初	紅磡寶其利街	嘉諾撒修會學校	
1885 年	大角咀福州街	巴色會義學，後改名為崇德女學，再後又改名為崇真會學校	
1888 年	延文禮士道	培道中學	
1890 年	土瓜灣	巴色會書館	
1896 年	差館街（上海街）榕樹頭旁	諸聖堂義學	1900 年結束。

圖 8

圖 9

圖 10

圖 11

圖 12

圖 13

圖 14

圖 15

類別／年份	地點	建築物	備註
1900 年	尖沙咀柯士甸道	嘉諾撒聖瑪利書院創辦	
1908 年	天光道	英皇佐治五世學校	
1913 年	佐敦道	拔萃女書院	
1924 年	砵蘭街	華仁書院分校成立	屬耶穌會。1952 年遷往窩打老道。
1925 年	何東道	瑪利諾修院中學	屬瑪利諾修會。
1926 年	九龍城啟德濱	民生書院創辦	「民生」乃紀念創辦人區澤民（區德）及莫幹生而取名。在 1939 年遷往東寶庭道。
1928 年	油蔴地弼街	英華書院	屬倫敦教會。前身創辦於 1817 年的馬六甲。1843 年始遷至港島。1963 年遷往九龍塘牛津道。
1929 年	深水埗元洲街	德貞學校自建校舍落成	創辦於 1924 年的南昌街。屬寶血女修會。1938 年改名德貞女子中學。
1932 年	喇沙利道	喇沙書院	屬喇沙修士會。
1933 年	何文田	培正中學	前身 1889 年創辦於廣州，初名培正書院，乃廣州浸信會教友倡辦。
1936 年	九龍城農圃道	協恩中學	前身為聖公會教友 1886 年創辦於西營盤的飛利女學，後遷往九龍及擴展。
1946 年	何文田公主道	旺角勞工子弟學校	
1946 年	窩打老道	香島中學復校	創辦於 1940 年，戰時校舍被炸。1947 年在運動場道辦中學部，原校舍辦小學部。1956 年大坑東桃源街新校舍落成。
1949 年	窩打老道	九龍真光中學	前身為創辦於 1872 年廣州白鶴洞的真光書院，創辦人那夏理女士（Harriet Noyes）為美國基督教長老會宣教士。1960 年遷往九龍塘沙福道真光里。1972 年為紀念真光創校 100 周年，在油蔴地窩打老道興建真光中學。
1949 年	旺角洗衣街	珠海書院	前身為創辦於 1947 年的廣東珠海大學，1992 年遷往荃灣海濱花園。
1956 年	窩打老道	香港浸會學院	1994 年升格為大學。
1958 年	觀塘道	聖若瑟英文中學	
五、警署及裁判署			
1860 年代末	油蔴地差館街（上海街）與公眾四方街（眾坊街）之間	油蔴地警署創建	
1870 年代	尖沙咀	尖沙咀水警總部	位於一舊船上。
1881 年	麥當奴道與梳利士巴利道間的小山崗	尖沙咀水警總部遷往上址	1881 年，水警總部遷往上址一小屋，於 1884 年改建為圖 15 的建築物。該建築現已改作商業用途。
1885 年	紅磡	紅磡警署	

圖 16

圖 17

圖 18

類別 / 年份	地點	建築物	備註
1922 年	公眾四方街與廣東道交界	油蔴地警署遷往上址	
1925 年	荔枝角道與欽州街交界	深水埗警署落成	
1925 年	九龍城	九龍城警署落成	
1925 年	旺角彌敦道	旺角警署落成	
1930 年代	深水埗大埔道	北九龍裁判署	
1936 年	加士居道山坡	南九龍裁判署	
六、街市			
1864 年	油蔴地街街	油蔴地街市	約 1885 年遷往新填地街，1957 年重建落成
約 1887 年	紅磡街市街（蕪湖街）	紅磡街市	1884 年紅磡一場火災後興建的。
1902 年	遮打街（北京道）與麥當奴道（廣東道）	尖沙咀街市落成用	1909 年改作尖沙咀郵局，後又作為警方的辦事處及商舖，1999 年拆卸。
1918 年	北河街、桂林街與大南街之間	深水埗街市落成啟用	
1935 年	廣東道與亞皆老街交界	旺角街市建成	
七、戲院			
1902 年	彌敦道與加士居道交界	普慶戲院（圖 16）	九龍第一間戲院，後於 1927 年、1950 年代末及 1980 年代末拆卸重建。
1919 年	油蔴地甘肅街與廟街之間（即現時平安大廈後面）	廣智戲院	1960 年代後期拆卸，現為馬路及空地。
1920 年代	深水埗荔枝角與石硤尾街交界	明聲戲院落成	1970 年代初拆卸。
1920 年代	深水埗北河街近福華街	北河戲院落成	約 1980 年拆卸。
1920 年代	九龍城	新九龍映（影）戲院（圖 17）	日佔時期拆卸。
1920 年代	油蔴地公眾四方街	光明戲院落成	1960 年代拆卸。
約 1921 年	油蔴地公眾四方街	第一戲院	後改名為第一新戲院，1960 年代拆卸。
1921 年	尖沙咀北京道與漢口道交界	景聲戲院落成（圖 18）	其外觀幾如香港島之域多利戲院，約於 1961 年拆卸，兩年後建成新星戲院，1980 年再度拆卸，建成商業大廈。
1927 年	旺角新填地街與太子道交界	旺角戲院	為一小型戲院，1949 年拆卸。
1928 年	油蔴地彌敦道與西貢街交界	大華戲院落成	1970 年代中又加建成新大華戲院，1990 年代一同拆卸重建。
1930 年	油蔴地窩打老道與新填地街之間	油蔴地戲院落成	1990 年代後期停業。
1930 年代初	旺角砵蘭街	砵崙戲院	1941 年易名為勝利戲院，1953 年改建為麗斯戲院。
1930 年代	塘尾道近荔枝角道	好世界戲院興建	約 1960 年拆卸。
1930 年代	旺角亞皆老街	新華戲院	1950 年代曾改建，1970 年代拆卸。
1930 年代	寶其利街與老龍坑街交界	永樂戲院	
1930 年代	土瓜灣譚公道	文明戲院	

圖 19

圖 20

圖 21

圖 22

圖 23

圖 24

類別／年份	地點	建築物	備註
1930 年代	官涌	官涌戲院	1960 年代拆卸。
1931 年	旺角彌敦道與水渠道交界	東樂戲院	約 1970 年拆卸，建成大大公司，即現時的聯合廣場所在。
1934 年	油蔴地彌敦道與甘肅街交界	平安戲院建成	為當時九龍最大的戲院，1950 年代末拆卸，建成平安大廈。
約 1939 年	彌敦道與豉油街交界	彌敦戲院	為一小型戲院，1950 年代後期拆卸。
約 1941 年	深水埗	深水埗戲院	
約 1949 年	旺角彌敦道與亞皆老街交界	百老匯戲院	約 1965 年拆卸，建成現在的匯豐銀行大廈。
1950 年代初	佐敦道與廟街交界	快樂戲院	
1951 年	長沙灣東沙島街近保安道	仙樂戲院興建	1970 年代初拆卸。
八、醫院			
1905 年	彌敦道與公眾四方街交界	東華醫院分局成立	1911 年停止服務。
1907 年	窩打老道與登士街之間	廣華醫院興建	1911 年落成，1965 年重建落成。
1910 年代	深水埗醫局街近北河街	深水埗醫局啟用	
1916 年	旺角海旁	油蔴地水上公立醫局落成	由廣華醫院總理創辦。
1925 年	亞皆老街近窩打老道	九龍醫院落成	
1937 年	深水埗青山道	寶血醫院創立	
1963 年	九龍塘窩打老道	浸信會醫院落成	
1963 年	何文田京士柏衛理道	伊利沙白醫院落成	
九、酒店			
約 1915 年	中間道與彌敦道	車站酒店（圖 19）	1923 年改建為第一代九龍酒店。
1923 年	彌敦道與中間道	九龍酒店（圖 20）	原車站酒店，約落成於 1914 年。
1924 年	尖沙咀梳利士巴利道	青年會落成（圖 21）	
1928 年	尖沙咀梳利士巴利道	半島酒店（圖 22）	12 月 11 日開幕。在開幕前 14 個月，半島酒店曾作為臨時軍營，以供來港應付省港大罷工的英軍居住。
1930 年	彌敦道與北海街交界	彌敦酒店（圖 23）	1960 年代後期重建。
1930 年代中	彌敦道與北海街交界	新新酒店	約 1970 年拆卸。
1952 年	彌敦道與寶靈街交界	新樂酒店（圖 24）	

附錄一：
九龍街道名稱的更改及消失

1909 年 3 月 19 日，港督盧吉公佈，為避免混亂，以下之九龍街道名稱，由即日起予以更改：

九龍（尖沙咀）區街道

遮打街 Chater Street 改為北京道 Peking Road
德輔道 Des Voeux Road 改為漆咸道 Chatham Road
花園道 Garden Road 改為漢口道 Hankow Road
羅便臣道 Robinson Road 改為彌敦道 Nathan Road
麥當奴道 MacDonnell Road 改為廣東道 Canton Road
Elgin Road 改為海防道 Haiphong Road
東道 East Road 改為河內道 Hanoi Road
東路 East Avenue 改為西南道 Sainam Avenue
東台 East Terrace 改為梧州台 Wuchow Terrace

油蔴地區街道

第一街 First Street 改為甘肅街 Kansu Street
第二街 Second Street 改為北海街 Pakhoi Street
第三街 Third Street 改為西貢街 Saigon Street
第四街 Fourth Street 改為寧波街 Ningpo Street
第五街 Fifth Street 改為南京街 Nanking Street
堅尼地街 Kennedy Street 改為吳松街 Woosung Street
第七街 Seventh Lane 改為雲南里 Yunnan Lane
福星里 Fuk Shing Lane 改為蘇州里 Suchow Lane
麥當奴道 MacDonnell Road 改為廣東道 Canton Road
差館街北 Station Street North 改為上海街 Shanghai Street
差館街南 Station Street South 改為上海街 Shanghai Street
第六街 Sixth Street 改為佐敦道 Jordan Road
第八街 Eighth Street 改為寶靈街 Bowring Street

下列九龍街道其後又再更改名稱或已消失：

西南道 Sainam Avenue 再改為赫德道 Hart Avenue
山東里 Shantung Lane 再改為山東街 Shantung Street
梧州台 Wuchow Terrace 現已消失
蘇州里 Suchow Lane 現已消失
南寧里 Nanning Lane 現已消失
天津街 Tientsin Street 現已消失
福州街 Foochow Street 後併入通州街 Tung Chau Street
重慶街 Chungking Street 數年後成為界限街 Boundary Street 的延伸部分
牛莊街 Newchwang Street 數年後成為界限街 Boundary Street 的延伸部分
福全鄉大街 Fuk Tsun Heung Main Street 後重整為福全街 Fuk Tsun Street

旺角咀區街道

麥當奴道 MacDonnell Road 改為廣東道 Canton Road
山街 Hill Street 改為長沙街 Changsha Street
水渠里 Nullah Lane 改為山東里 Shantung Lane
差館街北 Station Street North 改為上海街 Shanghai Street

紅磡區街道

德輔道 Des Voeux Road 改為漆咸道 Chatham Road
第三里 Third Lane 改為南寧里 Nanning Lane
山街 Hill Street 改為天津街 Tientsin Street
街市街 Market Street 改為蕪湖街 Wuhu Street
差館街 Station Street 改為大沽街 Taku Street

大角咀福全鄉街道

高街 High Street 改為牛莊街 Newchwang Street
海旁 Praya 改為重慶街 Chungking Street
差館街 Station Street 改為福州街 Foochow Street

附錄二：
九龍分區示意圖

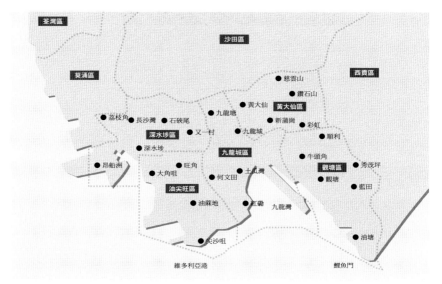

九龍共分五區：

油尖旺區
九龍城區
深水埗區
黃大仙區
觀塘區

附錄三：
九龍主要街道興建時間及索引（1861-1940）

第五街（南京街）	Fifth Street（Nanking Street）	20, 65, 95
第七里（雲南里）	Seventh Lane（Yunnan Lane）	5, 95
堅尼地街（吳松街）	Kennedy Street（Woosung Street）	23, 95
文明里	Man Ming Lane	20
新填地街	Reclamation Street	20, 21, 22, 40, 93
福星里（蘇州里）	Fuk Shing Lane（Suchow Lane）	20, 95
山街（長沙街）	Hill Street（Changsha Street）	95
亞皆老街	Argyle Street	54, 58, 62, 78, 91, 93, 94
水渠里（山東里，山東街）	Nullah Lane（Shangtung Lane, Shangtung Street）	58, 59, 60, 62, 91, 95

1901 － 1920 年

加冕道	Coronation Road	58, 60, 62, 68
加士居道	Gascoigne Road	16, 36, 40, 41, 54, 58, 60, 62, 66, 68, 90, 93
大埔道	Tai Po Road	54, 62, 70, 71, 72, 74, 76, 93
第六街（佐敦道）	Sixth Street（Jordan Road）	20, 21, 36, 40, 47, 54, 58, 62, 65, 66, 67, 91, 92, 94, 95
窩打老道	Waterloo Road	20, 40, 41, 42, 43, 54, 58, 59, 62, 78, 83, 90, 92, 93, 94
第八街（寶靈街）	Eighth Street（Bowring Street）	20, 94, 95
鶴園路（鶴園街）	Hok Yuen Road（Hok Yuen Street）	26, 36
青洲街	Tsing Chau Street	26, 36
佛光街	Fat Kwong Street	36
北河街	Pei Ho Street	70, 73, 91, 93, 94
醫局街	Yee Kuk Street	94
桂林街	Kweilin Street	70, 93
通州街	Tung Chen Street	70, 95
大南街	Tai Nan Street	73, 93
鴨寮街	Apliu Street	5, 70
元洲街	Un Chau Street	92
汝州街	Yu Chau Street	70, 73
東京街	Tonkin Street	70, 72
塘尾道	Tong Mi Road	40, 58, 61, 93
橡樹街	Oak Street	55
楓樹街	Maple Street	
櫸樹街	Beech Street	
棕樹街	Palm Street	54
馬頭圍道	Ma Tau Wai Road	36, 78

1921 － 1940 年

界限街	Boundary Street	8, 16, 48, 58, 62, 70, 78, 83, 91, 95
溫思勞街	Winslow Street	36
荔枝角道	Lai Chi Kok Road	20, 62, 70, 71, 76, 93
太子道（英皇子道）	Prince Edward Road	42, 58, 59, 62, 78, 82, 83, 84, 90, 93
南昌街	Nan Chang Street	70, 75, 92
青山道	Castle Peak Road	70, 71, 72, 94
欽州街	Yen Chau Street	70, 71, 93
營盤街	Camp Street	
戴亞街	Dyer Avenue	24
衙前圍道	Nga Tsin Wai Road	

南角道	Nam Kok Road 78
城南道	South Wall Road 78
福佬村道	Fuk Lo Tsun Road 82
龍崗道	Lung Kong Road 78
聯合道	Junction Road1 13, 87, 90
馬頭涌道	Ma Tau Chung Road
西貢道	Saikung Road 84
福全街	Fuk Tsun Street 54, 95
晏架街	Anchor Street 55
德雲道	Devon Road
多實街	Dorset Street
雅息士道	Essex Crescent 78
歌和老街	Crouwall Street
金巴崙道	Cumberland Road 78
森蘇實道	Somerset Road
土瓜灣道	To Kwa Wan Road
宋王台道	Sung Wong Toi Road
庇利街	Bailey Street

參考書目

1. *Hong Kong Annual Report*, Hong Kong Government, 1880-1970.

2. *Hong Kong Blue Book*, Hong Kong Government, 1877-1910.

3. *Hong Kong Government Gazette*, 1853-1938.

4. E.J.Eital, *Europe in China, the History of Hong Kong from the Beginning to the year 1882*, Kelly and Welsh Co., 1895.

5. G.B.Endacott, *A History of Hong Kong*, Oxford University Press, 1973.

6. Anthony Dyson, *From the Time Bell to Atomic Clock*, A Hong Kong Government Publication, 1983.

7. P.H.Hase ed. *In the heart of the Metropolis: Yaumatei and its People*, The Royal Asiatic Society, Hong Kong Branch and Joint Publishing Co., Ltd., 1999.

8. *Journal of the Royal Asiatic Society*, The Royal Asiatic Society, Hong Kong Branch.

9. 劉蜀永：《割佔九龍》，香港：三聯書店，1995 年。

10. 曹淳亮主編：《香港大辭典》，廣州出版社，1994 年。

11. 王齊樂：《香港中文教育發展史》，香港：三聯書店，1996 年。

12. 宋軒麟：《尋找啟德與華人的歷史》，載《明報》1999 年 7 月 8 日及 9 日。